AF578182
gato
gato

coelho

conejo

cão

perro

pintainho

pollito

pato
pato

ovelha

oveja

cabra
cabra

porco

cerdo

burro

burro

cavalo

caballo

vaca

vaca

rato

ratón

morcego

murciélago

abelha

abeja

aranha

araña

raposa

zorro

veado

ciervo

esquilo

ardilla

porco-espinho

erizo

coruja

búho

sapo

rana

cobra
serpiente

guaxinim

mapache

papagaio

loro

tucano

tucán

jacaré

caimán

tartaruga marinha

tortuga marina

flamingo

flamenco

pinguim

pingüino

caranguejo

cangrejo

medusa

medusa

foca

foca

tubarão

tiburón

baleia

ballena

orca

orca

estrela do mar

estrella de mar

rinoceronte

rinoceronte

panda

panda

macaco

mono

leão

león

tigre

tigre

elefante

elefante

www.ingramcontent.com/pod-product-compliance
Lightning Source LLC
LaVergne TN
LVHW071204160826
845679LV00003B/745
* 9 7 9 1 0 4 1 7 0 6 5 4 9 *